ARIOSTE GOUVERNEUR;

OU

LE TRIOMPHE DU GÉNIE,

COMÉDIE EN UN ACTE,

MÊLÉE DE VAUDEVILLES,

Par J. L. BROUSSE-DESFAUCHERETZ
et F. ROGER.

*Représentée, pour la première fois, sur le théâtre du
Vaudeville, le 24 ventose, an 8.*

Prix 1 Franc 50 centimes, avec la musique.

A PARIS,

Chez le Libraire au Théâtre du Vaudeville, rue de Malte ;
Et à son Imprimerie rue des Droits-de-l'Homme, N°. 44.

An VIII.

Les Exemplaires ont été fournis à la Bibliothèque nationale.

PERSONNAGES.	ACTEURS. CC. et C^{nes}.
ARIOSTE.	Julien.
LE COMTE BEMBO.	Vertpré.
ALEXANDRA, nièce de Bembo.	Henry.
JACOBO, jardinier de Bembo.	Carpentier.
PACCHIONE, chef de Condottieri.	Hypolite.
MARETTO, son lieutenant.	Fichet.
TROUPE DE CONDOTTIERI.	

La Scène se passe dans l'Appenin, chez le comte Bembo.

Nota. *Pacchione*, prononcez *Packioné.*

ARIOSTE GOUVERNEUR,

OU

LE TRIOMPHE DU GÉNIE.

COMÉDIE EN UN ACTE,

MÊLÉE DE VAUDEVILLES.

Le Théâtre représente un jardin. A droite du spectateur, est censé être la fin d'un parterre qui remonte dans la coulisse. A gauche est un bosquet, à l'entrée duquel est une statue de Minerve. Dans le fond est un mur, au milieu duquel est une porte. Sur la gauche on apperçoit les premiers arbres d'une avenue de peupliers. Sur la droite, dans la coulisse, est censé être la maison de Bembo.

SCÈNE PREMIÈRE.

PACCHIONE, MARETTO, *entrant furtivement par la porte du fond.*

PACCHIONE.

Eh bien ! mon cher Maretto, je n'ai pas perdu ma journée. Graces à cette clef, les portes de cet enclos

A 2

nous sont ouvertes, et nous pouvons à toute heure parcourir les jardins de cette maison de campagne....

MARETTO.

Où tous les jours, sans escorte, et d'un air mysté-rieux, se rend le gouverneur de ce petit château voisin.

PACCHIONE.

Le détestable homme!.... J'ignore quel il est; d'où il vient..... Sais-tu son nom?

MARETTO.

A peine arrivons-nous; qui nous l'aurait appris?... Mais parce que nous avons secoué le joug de ce qu'on appelle les lois, les convenances et autres préjugés, je sais qu'il nous traite de brigands.

PACCHIONE.

De brigands!... nous! à qui notre valeur a fait donner le nom fameux de Condottieri! et, comme l'a très-bien dit le sublime Arioste, le courage ne vaut-il pas tous les titres?

MARETTO.

Encore ton Arioste! te voilà bien! ou récitant ses vers, ou parlant de lui!

PACCHIONE.

C'est mon oracle et mon consolateur. Rien n'égale l'enthousiasme qu'il m'inspire, et mon seul regret c'est de ne pas le connaître pour le lui prouver.

MARETTO.

Fort bien; je le conçois... mais cela ne rend pas nos affaires meilleures.... Et notre métier était si bon!

PACCHIONE.

(N.º 1.) AIR: *De la pipe de tabac.*

Nos droits établis par la guerre
Sans débats étaient reconnus ;
Pour donner cours au numéraire
Nous empruntions..... à fonds perdus.
Sur les mœurs du siècle où nous sommes
Nous avions réglé nos destins ,
Et pour devenir de grands hommes
Nous avions pris.... les grands chemins,

MARETTO.

Il faut éloigner d'ici ce maudit gouverneur , qui veut
pacifier la province.

PACCHIONE.

Il faut s'en emparer et le retenir au milieu de nous.
Voilà déjà de grands moyens de succès.

(*Il montre deux clefs.*)

MARETTO.

Tu as deux clefs ! donne m'en une.

PACCHIONE.

Je ne puis ; celle-ci est mon ouvrage , et je la garde ;
mais l'autre ne m'appartient pas.

MARETTO.

A qui est-elle donc ?

PACCHIONE.

A Jacobo , le jardinier de cette maison..

MARETTO.

Qui te l'a prêtée ?

PACCHIONE.

Je m'y suis pris de manière qu'il n'avait rien à me
refuser.

MARETTO.

Tu le connais !

PACCHIONE,

Depuis ce matin ; je l'ai trouvé allant à la ville faire
quelques commissions. Marcher ensemble amène à
parler ensemble. J'ai découvert bientôt qu'il s'altérait
aisément. Un cabaret s'est présenté ; je lui ai proposé
de se rafraîchir. Cela lui a donné une estime pour
moi que j'ai soutenue de façon que de propos en
propos j'ai apperçu une clef que j'ai prise.

MARETTO.

Dans sa poche ?

PACCHIONE.

Je l'ai prise où elle était.

(N°. 2.) AIR : *Du Vaudeville des Visitandines.*

Si par raison et par justice,
Ici bas on doit s'entraider,
Prendre est prévenir un service,
C'est obtenir sans demander.
L'exemple sauve du reproche :
Combien en voit-on aujourd'hui
Tirer de la poche d'autrui
Tout ce qu'ils mettent dans leur poche !

MARETTO.

J'entends, j'entends.

PACCHIONE.

En examinant cette clef, elle m'a paru si agréable
et si bien faite, que je me suis mis à l'imiter. Le
ciel a béni mon travail, et il s'est trouvé que j'ouvrais
aussi facilement toutes les portes de ce parc avec l'une
qu'avec l'autre.

MARETTO.

Le travail a toujours sa récompense. Mais pourquoi

prendre tant de peine ? l'original te suffisait ; tu n'avais qu'à le garder.

PACCHIONE.

Fi donc ! tourmenter cet honnête homme qui ira inquiéter tout le monde dès qu'il s'appercevra qu'il n'a plus sa clef ! l'exposer à être grondé par le comte Bembo, son maître, et obliger le comte à changer toutes ses serrures !... Non, non, il faut la lui rendre : il faut épargner à Jacobo ses chagrins, et au comte sa dépense.

(Nº. 3.) AIR : *Du Vaudeville de Figaro, ou de En quel Siècle sommes nous !*

Il n'est qu'un sot qui s'amuse
Des gens qui lui font du bien,
Et le mal est sans excuse
Quand le mal ne sert à rien.
A l'impoli qui refuse
Dérobez ou commandez ...
Mais toujours des procédés !

MARETTO.

Mon capitaine, je reconnais-là votre délicatesse!

PACCHIONE.

C'est dans cette intention que je viens ici. Ce petit soin me vaudra d'ailleurs quelqu'autre confidence dont j'ai encore besoin.

JACOBO, *derrière le mur.*

Où diable est donc c'te clef ?

PACCHIONE.

J'entends notre homme ; tâche qu'il ne t'apperçoive pas : j'irai te donner mes ordres quand j'aurai pris toutes les mesures pour ne pas manquer le coup.

(*Maretto se cache, et sort dès que Jacobo est entré.*)

A 4

SCÈNE II.

PACCHIONE, JACOBO.

JACOBO, *entrant avec des cloches de verre sous le bras, et un petit sac de graines. Il est un peu gai.*

EH ! la porte qui s'trouve ouverte !

PACCHIONE.

Ah ! vous voilà, mon camarade !

JACOBO.

C'est vous ! pourquoi êtes-vous-là ?

PACCHIONE.

Je vous attends.

JACOBO.

Vous avez raison, car je vous aime.

PACCHIONE.

Lorsque vous m'avez quitté ce matin, j'ai trouvé cette clef : supposant qu'elle vous appartenait, et ne pouvant vous rejoindre à la ville, je suis venu ici guetter votre retour.

JACOBO.

Queu service vous me rendez !.. Ma pauvre clef !

PACCHIONE.

Elle était en bonnes mains.

JACOBO.

Cela m'aurait fait une belle affaire ; mon maître ...

PACCHIONE.

Le comte Bembo ?

JACOBO.

Le comte Bembo... c'est un excellent homme ; mais il m'aurait mis à la porte, comme s'il n'm'avait jamais vu... dame ! c'est qu'il est vif et entêté !...

PACCHIONE.

Il n'a que ces deux petits défauts-là ?

JACOBO.

Chacun a l'sien mon ami ; on s'arrange là-dessus.

PACCHIONE.

Cela n'empêche pas le gouverneur du château voisin, d'être son ami, et de venir ici souvent ?

JACOBO.

Il y v'nait tous les jours autrefois ; not' maître et lui ne se quittions guère. Il aime les gens d'esprit, not' maître, et ce gouverneux en a.... et un fier !... il le sait ben à la vérité... Oh ! ça il a de l'orgueil... j'dis, beaucoup... mais c'est égal, il a l'droit d'en avoir... Eh bien ! ce cher homme, il n'vient presque plus ici qu'en cachette.

PACCHIONE.

Bon ! pourquoi cela ?

JACOBO.

Il a une nièce, not'maître.

PACCHIONE.

Jeune et jolie !

JACOBO.

On n'en fait plus guère comme ça. On n'peut la voir sans l'aimer.

PACCHIONE.

Et le gouverneur l'a vue ?

JACOBO.

Et beaucoup vue; tellement que l'oncle qui n'aime pas qu'on voye sa nièce, a prié l'gouverneux de n'plus venir le voir, parce que l'un ne va pas sans l'autre.

PACCHIONE.

Et.... la nièce?

JACOBO.

Oh! elle ne ressemble pas du tout à son oncle : les gens qu'elle aime, elle les aime toujours : et comme elle a vu que ça chagrinait son oncle quand l'gouverneux venait, et que ça chagrinait l'gouverneux quand il n'y venait pas, elle a imaginé qu'en faisant v'nir l'gouverneux quand l'oncle n'y était pas, tout le monde serait content.

PACCHIONE.

Mais elle raisonne fort bien, la jeune personne !

JACOBO.

J'ai trouvé ça comme vous : aussi, pour maintenir la paix, j'arrange tout ça, moi. J'prends les billets de l'un , j'porte la réponse de l'autre.... Tenez, en v'là encore un que l'gouvernenx m'a dit de remettre à l'endroit convenu.... là.... dans l'casque.

(*Il montre la statue de Minerve, qui doit avoir à ses pieds un casque renversé de manière à ce qu'on puisse y mettre une lettre.*)

PACCHIONE.

Comment ! il n'est que plié !

JACOBO.

Sans doute. Si ça se perd, ça a l'air d'un chiffon de papier.

PACCHIONE.

Cela doit être bien agréable ; car vous dites que le gouverneur a de l'esprit ?

JACOBO.

De l'esprit ! oh ! il en a pour toute sa vie, et par delà !.... il faut que c'qui dit soit ben genti ; car si vous voyez la nièce quand elle lit ça, il y a dans toute sa figure un plaisir ....

PACCHIONE, *lui prenant le billet.*

Voyons donc, cela doit être curieux.

JACOBO.

Ça n'est pas trop ben, ce que vous faites là.

PACCHIONE.

Quel mal cela fait-il ? Nous n'en ôterons rien.

(Il lit.)

« Votre bonheur et le mien exigent que je vous
» voye un moment.... Je serai à la chute du jour au
» bout de l'allée des peupliers....

(à part.) Ah ! bon !.... à la chute du jour.

(Il continue de lire.)

» S'il vous est possible de vous y rendre, mettez une
» rose dans la main de la statue de Minerve.....

(Il regarde la statue)

Dans la main de la statue de Minerve....

» Si les circonstances s'y opposent, placez la rose aux
» pieds de la statue ».

De la statue de la Sagesse ?

JACOBO.

(N°. 4.) Air : *Du Vaudeville du Mur mitoyen.*

Oui, la Sagesse est du complot ;
Nous n'avons rien d'caché pour elle ;
De tout elle est témoin fidèle,
Et n'peut pas dir' le plus p'tit mot.

PACCHIONE.

L'oncle ne peut blâmer la nièce;
Car la nièce a, dans ce séjour,

(*Jacobo met la lettre dans le casque.*)

Fait du casque de la sagesse
La boîte-aux-lettres de l'amour.

(*A part.*) Guétons la réponse et prévenons le rendez-vous.

JACOBO.

Mais, écoutez-donc ; n'allez pas parler de tout ça,
du moins.

PACCHIONE.

Je n'ai garde.

JACOBO.

V'là, je crois, mon maître et sa nièce qui réviennent
de s'promener dans les champs.. s'ils vous voyaient..

PACCHIONE.

Ne craignez rien, je sais me conduire.

(*Il sort du côté des peupliers.*)

SCÈNE III.

BEMBO, ALEXANDRA. (*Ils entrent
par la porte du fond.*) JACOBO.

BEMBO.

ALLONS, ma nièce, rentrons... Ce pays est si infesté
de ces Condottieri... Qui nous délivrera donc de cette
espèce de brigands?... Je lui donnerais ma fortune...
Ah! Jacobo, te voilà de retour de la ville?

JACOBO.

Oui, monseigneur.

BEMBO. (*Il est du côté de la statue : Alexandra de l'autre, et Jacobo entre eux deux.*)

Eh bien ! as-tu fait mes commissions ?

JACOBO.

Sans doute, et j'les ons ben faites, dà. J'ons dabord été à la poste pour afin d'vous rapporter vos lettres... Il n'y en avait point pour vous, monseigneur ... Pour vous, pas du tout... (*bas à Alexandra.*) Mais j'vous en ons apporté une.

ALEXANDRA, *de même.*

Donne vîte.

JACOBO, *de même.*

A la boîte aux lettres.

BEMBO.

Et des graines ? en as-tu acheté ?

JACOBO, *lui montrant le sac.*

Tenez, en v'là-t-il ?... Et des cloches encore que j'ons apportées pour vos fleurs. (*Il montre les cloches que, dans la scène précédente, il a déposées dans la seconde coulisse.*)

BEMBO, *arrêtant Alexandra, qui cherche à passer du côté de la statue.*

Tu ne sais pas, ma nièce ? j'ai encore des projets d'embellissemens pour ce jardin... Oh ! je veux qu'il soit cité comme les jardins des anciens... Eh bien, Jacobo ! voyons donc tes graines. Tu n'en as pas, sans doute, acheté de vieilles ?

JACOBO.

Mais, quand ça serait ; vous qui aimez tant les antiques !

BEMBO.

J'espère, du moins, qu'on ne te les a pas changées, ou mêlées comme l'année dernière.

(N°. 5.) AIR : *Du Valet de Deux Maîtres : Retournons vers cet incroyable.*

Tantôt sur des graines passées
Fondant tous deux un fol espoir,
Nous avions semé des Pensées...
Je suis encor sans en avoir.

JACOBO, *l'interrompant.*

Vous n'êtes pas l'seul.

BEMBO, *continuant.*

Tantôt trompés par l'étiquette
Que mettaient des marchands frippons,
Semant des Œillets-de-Poëte...
Nous n'avons eu que des chardons.

JACOBO.

Tout l'monde s'en plaint ; mais on n'y est pris qu'une fois, et celles-là, j'en réponds.

BEMBO.

Eh bien! voyons : songeons à la distribution de nos fleurs.

ALEXANDRA.

Mais, mon oncle, nous avons du tems.

BEMBO, *la retenant au moment où elle veut encore passer auprès de la statue.*

Ma nièce, c'est toi qui a donné un nom à chacun de mes bosquets ; tu y as attaché un sentiment ou une idée. Perfectionnons ton plan... Dabord, le bosquet de la Fortune... Quelles fleurs y placerons-nous?... Tiens, voilà la note des graines...

ALEXANDRA, *à part.*

Quel tourment !... Et la lettre !

BEMBO.

Eh bien! vois-donc! parle-donc!

(Nº. 6.) Air : *De la Piété filiale.*

ALEXANDRA.

Que d'Oreilles-d'ours et d'Iris
La Fortune soit entourée.

JACOBO.

Les Boutons-d'or? les Pas-d'âne?

ALEXANDRA.

A l'entrée.

JACOBO.

Pieds-d'alouette?

BEMBO.

Au bosquet des amis.
Mets la Quarantaine paisible
Dans le bosquet de la Raison.

JACOBO.

La Rose?

ALEXANDRA.

Autour et près de la maison.

JACOBO.

Les Soucis?

ALEXANDRA.

Le plus loin possible.

BEMBO.

Fort bien! ma nièce, fort bien!

JACOBO.

Oh, oui! ça va embellir toutes les statues. C'est
que des statues, ça fait bien dans un jardin, n'est-ce
pas, mam'selle?

BEMBO.

Oui, ce sont des amis de plus.

JACOBO.

Oh ! c'est ben vrai. Quand j'sis tout seul ici, je me croyons en compagnie et en bonne compagnie da. Car, vous n'avez mis là que d'honnêtes gens. Ce n'est pas comme dans nos promenades publiques : qu'est-ce qu'on y voit, j'vous le demande?

(N°. 7.) AIR : *On compterait les diamans.*

Là nos femmes de c't'Adonis
Lorgn', en soupirant, la statue :
Là, de tous les pauvres maris
C'maudit Vulcain frappe la vue :
Au coin d'un bois, près d'un gazon,
Vêtus comm' la natur' s'habille,
Vénus fait penser l'jeun' garçon,
L'Amour fait rêver la jeun' fille.

BEMBO.

Ici, au contraire, tout respire la décence.

ALEXANDRA.

Cette Minerve, par exemple, mon oncle ! Oh ! comme elle est belle ! Je ne saurais me lasser de l'admirer... Si nous nous asseyons-là un moment !...

BEMBO, *l'arrêtant encore.*

Nous asseoir ! Il est trop tard. Et notre lecture ? Demain, dès le matin, nous viendrons... (*Elle cherche encore à prendre le billet.*) E!, bien ! donne-moi donc le bras..... Nous viendrons jouir ici des premiers rayons du jour. Allons... Ah ! Jacobo.

JACOBO.

Monseigneur.

BEMBO.

Quand tu auras fini ton travail, ferme-bien les
portes,

portes, entends-tu? (*à demi-voix.*) Aie soin sur-
tout que personne n'entre ici... Personne.

JACOBO.

C'est clair.

ALEXANDRA, *en sortant.*

La lettre! O ciel! je n'aurai pas la lettre!

(*Ils sortent du côté de la maison.*)

SCENE IV.

JACOBO, *seul.*

ELLE n'a pas osé la prendre... Ces pestes d'oncles!
quand c'est une fois en travers, çà ne se dérange jamais!... Oh! elle reviendra... j'sons habitué à ce
petit manège... Il n'veut pas du gouverneux pour sa
nièce!... A vrai dire, il n'est pas riche... en écus...
mais en réputation! ... Son Roland le fougueux! il
n'y a pas jusqu'aux petits enfans qui ne le sachent par
cœur... C'est qu'il y a tant de drôleries!... Etes-vous
hermite, diable, femme, sorcier, empereur, jardinier?
chacun y trouve son compte... Ce qu'il a dit de c'te
jeune fille et de c'te Rose!... Hem! c'est-il gentil, çà?

(*Il se met au travail et chante.*)

(N°. 8.) A I R : *Pourquoi vouloir qu'une personne chante.*

La jeune fille est semblable à c'te rose
Qui, solitaire, embellit un jardin:
Chère à l'amour, tant qu'aucun berger n'ose
La profaner d'une indiscrette main.

Là, et d'une planche..(*il continue de chanter.*)

B

Mais quand, cédant au doigt qui la détache,
Elle a quitté le rameau maternel,
Graces, parfums, éclat pur et sans tache,
Elle a perdu tous ces présens du ciel.

Tiens, et cet œillet qui se meurt.

Fillette ainsi, qui n'a pas su défendre
Les biaux trésors de son jeune printems,
Sur d'autres cœurs n'a plus rien à prétendre;
Elle est sans prix pour ses autres amans.

Queu diable est-ce que j'ons donc fait d'ma serpette?..
ah! elle doit être là bas, dans l'potager. (*Il sort à sa
gauche.*)

S C E N E V.

ARIOSTE, *entrant par la porte du fond.*

(N°. 9.) R O M A N C E.

AIR: *De M. Georges Jadin, ou Femmes voulez-vous éprouver.*

DIVINITÉ des malheureux,
Mystère! que ton voile sombre,
D'un amour tendre et dangereux
Cache les secrets sous son ombre.
Echo! que frappent mes accens,
Pour l'amour seul, ah! sois fidèle!
Tais-toi pour les indifférens,..
Echo! ne parle que pour elle.

Amour! j'ai fait chérir tes feux,
J'ai chanté ton pouvoir suprême;
Portant ta gloire jusqu'aux cieux,
Je t'ai soumis l'enfer lui-même.
Tu dois quelque chose à mes vœux,

Vois le desespoir où nous sommes:
Je t'ai fait le plus grand des Dieux ...
Fais moi le plus heureux des hommes.

Voilà la statue, je ne vois point la rose! O amour!
amour! m'abandonnes-tu?

SCENE VI.

ARIOSTE, JACOBO dans la coulisse.

JACOBO, reprenant le dernier couplet de sa chanson.

» FILLETTE ainsi qui n'a pas su défendre...

ARIOSTE.

On chante!.. ah! c'est Jacobo!

JACOBO de même.

» Les biaux trésors de son jeune printems...

ARIOSTE.

Ce sont mes vers, le bourreau! comme il les es-
tropie!

JACOBO, de même.

» Sus d'autres cœurs n'a plus rien a perfendre.....

ARIOSTE.

Le malheureux! ce que j'ai fait de plus beau!

JACOBO, de même.

» Al est sans prix pour ses autres aimans...

ARIOSTE.

Le barbare!.. il me déchire tout vivant.

JACOBO, de même.

» Al est sans prix...

B 2

ARIOSTE.

Te tairas-tu, maudit chanteur!

JACOBO, *de même.*

pour ses autres aimans.

ARIOSTE. (*impatienté, il s'avance vers la coulisse, jette un pot de fleurs à terre, et casse des cloches.*)

Te tairas-tu? Te tairas-tu?

JACOBO, *paraissant.*

Eh bien! quoiqu'c'est donc qu'çà! qu'est-ce donc que c't'homme-là!

ARIOSTE.

Ah! tu ne chantes donc plus?

JACOBO.

Non mordienne! je n'en ai pus d'envie. Est-ce que vous devenez fou! queu vertigo vous prend t. abîmer mon jardin!

ARIOSTE.

Tu abîmes mes ouvrages!

JACOBO.

Est-il possible d'faire ce dégat là!

ARIOSTE.

Avec de l'argent on répare cela ; avec de l'argent on ne fait pas des strophes pareilles.

JACOBO.

Des stropes! des stropes! allez faire vos stropes chez vous, et ne venez pas tout ravager ici... Si on ne dirait pas qu'il a passé un orage!

ARIOSTE.

Je te conseille de te plaindre.

(N°. 10.) AIR: *Des trembleurs.*

J'ai brisé dans ma colère,
Des pots, des vases de verre,

Et qui tous ne vaudraient guère
Vingt-sous, s'ils étaient choisis:
Et, sans nulle retenue,
Ta sottise qui me tue,
Me mutile une statue
Dont rien ne paîerait le prix!

JACOBO.

Une statue! je n'ai pas touché à une statue....
Queu diable voulez-vous dire?

ARIOSTE, *lui donnant de l'argent.*

Prends cette bourse, et tais-toi.

JACOBO.

Ah! je vous entends à-présent.

ARIOSTE.

Et si tu t'avises de chanter ces vers, chante les juste
au moins, et sur un autre air... Mon billet? a-t-il été
lu?

JACOBO.

Il est encore là, aux pieds de la Sagesse.

ARIOSTE.

Tu n'as donc pas vu Alexandra?

JACOBO.

Elle a passé par ici tout à l'heure.

ARIOSTE.

Eh bien?

JACOBO.

Avec son oncle; et il n'a voulu s'en aller qu'avec
elle.

ARIOSTE, *impétueusement.*

Sort fatal! serai-je toujours le jouet de l'incertitude?

JACOBO.

Allez-vous recommencer? Eloignez-vous, j'dis;
éloignez-vous un peu.

B 3

ARIOSTE.

A qui en as-tu ?

JACOBO.

Pardi ! je garantis mes cloches.

ARIOSTE.

Imbécille ! j'y songe bien.... Et crois-tu qu'Alexandra
revienne ?

JACOBO.

Certainement. Mais je ne sais pas quand ; ce que je
sais, c'est que si vous ne voulez pas tout perdre, il faut
vous en aller.

ARIOSTE.

M'en aller !

JACOBO.

Oui, le comte est au château, et le comte rode par-
tout. S'il vient à nous surprendre ensemble, on nous
baillera not'congé à tous deux, et pour toujours : vous
pouvez compter là-dessus.

ARIOSTE.

Que tu es cruel ! mais Alexandra...

JACOBO.

Restez : il n'y aura plus d'Alexandra pour vous, et
pour moi plus de jardin. Je ne sais pas jusqu'à quel
point vous êtes attaché à Alexandra,

(N°. 11.) AIR: *Décacheter sur ma porte.*

Mais j'sais qu'beaucoup il m'importe,
Qu'on n'me mett'pas à la porte.
  J'ai grand soif et grand faim :
    A mon jardin
    Je tiens ; car enfin
A déjeûner ça m'rapporte,
A diner }
A souper } ça me rapporte ;

ARIOSTE.

Mais, mon cher Jacobo...

JACOBO.

Il n'y a pas de cher Jacobo... sortez.

ARIOSTE.

Mais si Alexandra fait la réponse...

JACOBO.

Revenez dans queuqu'tems. Si la lettre est prise, la porte sera ouverte.

ARIOSTE, *revenant.*

Tu ne l'oublieras pas !

JACOBO.

Eh ! soyez tranquile. (*Il le pousse dehors et ferme la porte.*)

SCENE VII.

JACOBO, *seul.*

J'AI cru que j'n'en viendrais pas à bout. Quel homme ! il brise tout quand on touche à ses vers ; il n'entend rien quand on lui parle de sa maîtresse... C'est une rude chose à mener qu'un amoureux !.... et quand il est poëte encore !

(N°. 12.) AIR : *Mon père était pot.*

Quand on s'met à faire des vers
On est fou sans remède :
La raison va tout de travers
Quand l'amour vous possède.
Un des deux suffit
Pour perdre l'esprit :

B 4

Dans les deux quand on donne,
Ça fait, entre nous,
Ça fait deux grands fous
Dans une seule personne !

Heureusement qu'il est aussi généreux qu'il est ex-
travagant, et que s'il déraisonne pour deux, il paye
double... Et puis c'te petite fille, quand elle le voit...
Ah ! la v'là ! j'savais ben qu'elle trouverait le moyen de
revenir.

SCENE VIII.

ALEXANDRA, JACOBO.

ALEXANDRA.

J'AI enfin saisi le moment de m'échapper. J'ai laissé
mon oncle endormi sur un vieux livre latin. Hâtons-
nous et lisons le billet. (*Elle va prendre le billet : pendant ce tems, Jacobo chante.*)

JACOBO.

(N°. 13.) AIR : *De la croisée.*

L'oncle et la nièce en c'te séjour
Ma foi ! s'arangiont à merveille.
La nièce veille à son amour ;
L'oncle sur son latin sommeille ;
De l'oncl' les savans entretiens,
Pour la niè' sont des balivernes :
L'oncle cultive les anciens...
　La nièce les modernes.

ALEXANDRA.

(N°. 14.) AIR : *De Joconde, ou vous m'ordonnez de la brûler.*

Qu'ai-je lu ?.. Son bonheur ?.. Le mien !
　Qu'aurait-il à m'apprendre ?

Nous perdons tout, je le vois bien,
 Si je ne puis l'entendre.
Mais un rendez-vous !.. au jardin !
 Seule ! la nuit !.. je n'ose. .
O Minerve ! Est-ce dans ta main
 Que je mettrai la rose !

(*Après un moment d'hésitation*). Non. Je ne la mettrai qu'aux pieds de la statue.

(Elle va cueillir une rose. Au moment où elle veut la placer, Bembo arrive.)

SCENE IX.

LES PRÉCÉDENS, BEMBO.

BEMBO.

AH ! vous voilà, mademoiselle ! et que faites - vous ici, s'il vous plaît ?

ALEXANDRA, *à part.*

Ciel ! que dire ?

JACOBO, *à part.*

Ah ! v'là l'oncle ! Il n'y aura pas de réponse.
 (*Il s'enfuit.*)

SCENE X.

BEMBO, ALEXANDRA.

BEMBO.

EH bien ! vous ne répondez pas ?

ALEXANDRA.

Mon oncle... J'étais venue... cueillir quelques fleurs.

BEMBO.

Des fleurs ? à cette heure-ci ?... Il y a du mystère là-dessous.

ALEXANDRA.

Du mystère !

BEMBO.

Vous vous troublez. J'en suis sûr. Je prétends tout savoir.

ALEXANDRA.

Eh bien ! mon cher oncle, puisqu'il faut tout vous dire...

BEMBO.

Oui, tout.

ALEXANDRA.

J'ai profité du moment où vous dormiez sur Sénèque...

BEMBO.

Dormir ! sur Sénèque !... Je pensais, ma nièce.

ALEXANDRA.

Oui, mon oncle... Pendant que vous pensiez... moi, je pensais à vous ménager une surprise.

BEMBO.

Oui : comme on en ménage aux oncles.

ALEXANDRA.

Vous voyez bien cette statue de la Sagesse que vous
aimez tant ?

BEMBO.

Après !

ALEXANDRA.

Et aux pieds de laquelle vous venez tous les jours
penser sur Sénèque.

BEMBO.

Eh bien !

ALEXANDRA.

Eh bien ! je voulais y placer quelques fleurs...

BEMBO.

Comment ! quelques fleurs !...

ALEXANDRA.

Oui.

(N°. 15.) AIR : *De Peur et Contre.*

Je voulais de quelques atours ,
Comme vous, ornant la Sagesse ,
La montrer telle que toujours
Vous l'offrites à ma jeunesse.
Du maître qui m'a su former ,
Je peins le précepte admirable :
(*Montrant la statue.*)
Le secret de la faire aimer
C'est de la rendre aimable.

BEMBO.

Charmante idée ! ma nièce ! charmante idée !...
Mais je trouve cette conception étonnante et digne de
nos plus anciens auteurs.

ALEXANDRA.

En vérité, mon oncle ?

BEMBO.

Oui certainement.

(N°. 16. AIR *nouveau, de M. Lélu, élève de Païsiello.*

> La Sagesse dans tous les tems
> Repoussa par un front sévère.
> Pourquoi la priver d'ornemens?
> Pour nous guider, il faut nous plaire.
> L'homme est un enfant sans raison:
> Il faut que la main d'une mère
> couvre de miel la coupe amère
> Qui renferme sa guérison.

ALEXANDRA.

Votre suffrage me rassure, et je vais poser cette rose... (*Elle la met aux pieds de la statue.*)

BEMBO.

Eh bien! où la places-tu donc!

ALEXANDRA.

Mais, là... sous cette draperie.

BEMBO.

Fi donc! c'est un contre-sens! tu n'es plus dans l'idée.

ALEXANDRA.

Pardonnez-moi, mon oncle.

BEMBO.

Eh non! Minerve aurait l'air de fouler la rose aux pieds... C'est dans sa main qu'il faut la mettre.

ALEXANDRA.

Oh! mon oncle, j'ai peur que cela ne soit pas bien.

BEMBO.

Au contraire... Donne, je vais la placer moi-même. (*Il met la rose dans la main de Minerve.*)

SCENE XI.

LES PRÉCÉDENS, PACCHIONE et MARETTO, *paraissant sur la porte du fond.* (*Alexandra est sur le devant de la Scène.*)

DEMBO.

REGARDE.

(N°. 17.) QUATUOR, *parodié d'Artémis*

BEMBO.

On la verra.

PACCHIONE.   ALEXANDRA.

Très-bien.   Trop bien.

PACCHIONE et MARETTO.

Il va venir et je le tien,
De la prudence et du courage,
De mon succès voilà le gage.

BEMBO.

L'heureux tableau ! la douce image!
Jouis, jouis de ton ouvrage.

ALEXANDRA.   BEMBO.

C'est votre ouvrage   C'est ton ouvrage
Et non le mien.   Et non le mien.

ALEXANDRA.

Ciel ! c'est lui, lui qui m'engage
Quand je voulais ne m'engager à rien !

PACCHIONE et MARETTO.

Du mystère et du courage
Il va venir, mon cher et je le tien,

BEMBO.

On la verra.

PACCHIONE.

très-bien ;
Et je le tien.

ALEXANDRA.

ciel ! quel sort est le mien !
Je tremble bien !

PACCHIONE à *Maretta.*

Son retour est sûr. Rassemblons nos gens, et revenons en force.

(*Ils sortent le long du mur à gauche de l'acteur.*)

SCENE XII.

BEMBO, ALEXANDRA.

BEMBO.

Eh bien ! ma nièce, conviens que je ne suis pas arrivé mal-à-propos. Sais-tu que tu te formes à mon école ?... Il ne manque plus à cette statue qu'une inscription latine ; mais c'est mon affaire, et je m'en charge. Allons, pour cette fois rentrons.

SCÈNE XIII.

LES PRÉCÉDENS, ARIOSTE.

ARIOSTE, *entrant par la porte que les brigands ont laissée ouverte.*

La porte est ouverte.... La réponse est faite.

BEMBO, *le rencontrant.*

Quoi ! c'est vous, seigneur Arioste ? et comment êtes-vous ici !

ARIOSTE, *à part.*

O ciel ! (*haut.*) Le hazard....

BEMBO, *avec ironie.*

Le hazard ?... il est très-heureux !

ARIOSTE.

Je composais... en me promenant... J'ai trouvé cette porte ouverte...

BEMBO.

En effet ! et pourquoi l'est-elle !... C'est ce Jacobo ! oh ! je le renverrai.

ALEXANDRA.

Mon oncle... c'est la première fois...

BEMBO.

Que je m'en apperçois.

ARIOSTE.

Ah ! seigneur ! que je ne sois pas la cause éloignée d'une telle disgrace, et ne punissez personne d'un oubli auquel je dois une rencontre... aussi... agréable.

BEMBO.

Aussi agréable !

ARIOSTE.

Et qui peut m'être fort utile.

BEMBO.

Utile !... je ne vois pas en quoi.

ARIOSTE.

Mon poëme m'a mérité votre approbation... J'ai dû
à mon Roland votre estime, et vous lui avez dû quelques plaisirs.

BEMBO.

Je lui en dois tous les jours. Plus je le relis, plus il
m'étonne... Mais où diable, maître fou, avez-vous
pris toutes ces gaillardises?

ARIOSTE.

Si l'exécution et le style ont quelque prix, je le dois
aux avis heureux de ceux qu'intéressa mon ouvrage...
Vos conseils, par exemple, et votre goût....

BEMBO.

Mes conseils? vous m'avez bien écouté! Si vous m'a-
viez crû, vous l'auriez écrit en latin.

ARIOSTE.

Sans doute; mais j'aime mieux être le premier des
écrivains italiens, qu'à peine le second des latins.

BEMBO.

Et vous avez tort : le latin, il n'y a que cela.

ARIOSTE.

Ce sera pour le premier que je ferai.... Ce qui
m'occupe à présent, c'est de perfectionner celui-ci...
et j'ai imaginé une correction sur laquelle je venais
vous consulter.

BEMBO.

BEMBO, *malignement.*

Ma nièce est peut-être de trop?

ARIOSTE.

Point du tout... au contraire.

(N°. 18.) AIR, *nouveau de M. Dxcht.*

D'Amour je parle le langage,
Son premier maître est la beauté ;
Je cherche franchise et bonté,
Ce sont les vertus du jeune âge.
Malgré mes écarts, d'un goût pur
Je veux toujours suivre les traces :
Le goût, pour marcher d'un pas sûr,
Doit implorer l'appui des Grâces.

BEMBO.

Ah ! ah ! j'entends, j'entends ce que vous voulez.

ARIOSTE,

Vous savez... dans mon... douzième chant...
quand... Roland, brûlant d'amour... est retenu dans
le château d'Atlant, où il croit trouver Angélique...
Chaque lieu la lui montre... chaque pas le ramène
près d'elle.... Il la voit, il l'entend.... et ne peut
l'aborder. L'impatience, le dépit, l'espérance, la douleur, tout l'agite... Il n'est pas de tourment pareil !...
être près de l'objet qui envahit toute votre âme...
avoir l'oreille frappée de sa voix enchanteresse, l'œil
charmé de ses traits, et ne pouvoir lui adresser une
parole !...

BEMBO.

Oui, vous avez dû peindre cela à merveille, car
vous le sentez vivement... Je ne vois pas même ce
que vous pourriez y ajouter.

ARIOSTE, *vivement.*

Pardonnez-moi... Des plaintes... que je voudrais
mettre dans la bouche de cet amant désespéré.

C

BEMBO.

Des plaintes ! ah ! voyons donc... Il y a-t-il long-
tems que cela est fait ?

ARIOSTE.

C'est une première pensée.

ROMANCE.

(N°. 19.) AIR nouveau (de M. Doche.)

Mourant loin de ce que j'adore,
J'ai dit : amour ! montre la moi....
L'amour m'exauce, je te voi...
Je suis plus malheureux encore!...
Ah! s'il me faut ainsi souffrir
Du bonheur qui fit mon envie,
Amour ! cache moi mon amie....
Sa présence me fait mourir.

Mes yeux cherchent à te comprendre,...
Les tiens se détournent de moi...
Ta bouche est muette d'effroi..:
Tu trembles même de m'entendre !
Hélas! on peut tout nous ravir;
Mais il nous reste l'espérance!...
Avec l'amour et la constance
L'espérance ne peut mourir.

BEMBO.

Pas mal... pour le temsque cela vous a coûté... Mais
cela me paraît inutile... qu'en dis-tu, ma nièce ?

ALEXANDRA.

Que la douleur de... Roland s'y peint toute entière,
et qu'on ne peut l'entendre sans la partager.

BEMBO.

Et moi je dis que cela ne produira aucun effet: à
votre place, je laisserais les choses comme elles sont.

ARIOSTE.

Et vous, mademoiselle ?

ALEXANDRA.

Moi !

(N°. 20) Air: *Il pleut, il pleut Bergère,*

Peut-être est-ce ignorance ?
Peut-être est ce une erreur ?
Mais à cette romance
Je tiens... comme l'auteur.
Pardon !.. dans l'art d'écrire
On juge comme on sent,
Le goût peut la proscrire...
Mais le cœur la défend.

BEMBO.

Oui, elle t'a émue.

ARIOSTE, *vivement.*

Je la laisserai, je la laisserai !

BEMBO.

Oh ! j'ai tort, puisque ma nièce vous donne raison. Au reste, il faut lui rendre justice à ma nièce, elle a du goût... de l'imagination... tenez, regardez.

(*Il lui montre la statue.*)

ARIOSTE, *avec joie.*

Ah !

BEMBO.

C'est joli, n'est-ce pas ?... une rose dans la main de la Sagesse !... C'est une idée à elle.

ALEXANDRA, *vivement.*

Elle n'est pas à moi tout-à-fait... je ne l'avais mise qu'à ses pieds.

BEMBO, *à Arioste.*

Cela ne signifiait pas assez, n'est-ce pas ?

C 2

ARIOSTE.

Cela ne signifiait rien.

BEMBO.

Au lieu que dans la main, c'est charmant.

ARIOSTE.

Cela dit tout.

BEMBO.

Je suis bien aise que tu sois condamnée par un homme de génie.

ARIOSTE.

C'est qu'il n'y a pas de comparaison, mademoiselle, ne vous en défendez pas.

(N°. 21.) A I R *nouveau* (de M. Doche.)

N'enchaîne point l'heureux délire
De cet esprit ingénieux,
De cette âme, qui dans vos yeux,
Dans tous vos traits brille et respire.
La beauté crée en un moment,
Ce qu'à chercher l'art s'étudie :
Pour deviner le sentiment,
Le cœur vaut mieux que le génie.

BEMBO.

Le cœur ! la beauté ! le génie ! Ah ! voilà le poëte ! voilà le poëte !.... C'est fort bien.... Mais j'ai quelque chose à vous dire de très-important pour notre tranquillité commune.... Alexandra, laisse-nous.

ALEXANDRA.

Mon oncle...

BEMBO.

Rentrez. (*à Arioste.*) Et vous, restez ; il faut vous dis-je, que nous nous parlions.

ALEXANDRA, *à part.*

Que va-t il lui dire ? Il faut que je l'apprenne ; il m'en a donné les moyens, profitons-en.

BEMBO.

Vas, ma nièce, vas où tu as affaire.

(*Alexandra sort du côté des peupliers, après avoir feint d'aller du côté du château.*)

SCENE XIV.

ARIOSTE, BEMBO.

BEMBO.

AH ça, mon cher Arioste, vous aimez ma nièce ; je m'en suis apperçu, et il s'est établi entre nous un échange de petites ruses, comme c'est d'usage entre les oncles et les amoureux. Mais vous avez mon estime, je crois mériter la vôtre, et nous ne sommes pas faits, vous et moi, pour nous servir mutuellement de jouet...

ARIOSTE.

Seigneur, pouvez-vous penser que j'aie jamais l'envie !....

BEMBO.

Il ne faut pas qu'elle vous vienne. J'honore votre génie ; mais mon cher Arioste, les poëtes !

(N.º 22. AIR : *Du Vaudeville d'Arlequin afficheur.*

Dans l'Olympe bien caressés,
Ils n'ont ici que des disgraces ;
Au Parnasse, très-bien placés,
Sur terre ils ont de pauvres places.

C 3

Le ciel, l'enfer leur est soumis,
Apollon, Vénus et Neptune,
Ils ont tous les Dieux pour amis....
Excepté la Fortune.

Et leur crédit? vaut-il mieux?... Vous même, à qui on a donné ce petit gouvernement, votre titre de poëte en imposera-t-il aux Condottieri? Nous ramenera-t-il la paix! Il faut à ma nièce un époux dont le nom et les moyens nous protègent. Vous ne serez jamais mon neveu; mais restez toujours mon ami.

ARIOSTE.

Quoi! seigneur, vous voulez?...

BEMBO.

Ne pas vous perdre. Je jouirai de votre esprit, de votre goût; il secondera le mien. Vous m'aiderez à faire de mon hermitage un lieu de délices. J'y ai déjà fait des changemens et j'en ferai encore. Ce bosquet, par exemple, cette statue, et cette idée de ma nièce...

ARIOSTE, à part.

Quel tourment!

BEMBO.

Je veux la consacrer par une inscription... Il faut que vous m'aidiez à en trouver une là-dessus.

ARIOSTE.

Moi!

BEMBO.

Oui, courte et précise; deux mots latins.

ARIOSTE, avec humeur.

Des inscriptions! un chef-d'œuvre en a-t-il besoin? Elles ne parent que la médiocrité Des inscriptions! c'est comme des titres. L'orgueil se les prodigue; qui trompent-ils?

(N.° 23.) AIR nouveau de M. Vicht.

Par-tout on donne avec excès
Au manœuvre le nom d'artiste,
D'homme de lettres au copiste,
D'homme d'état à des valets.
Enfin, si fort on en impose,
Que chacun conclut à présent
Que plus un titre est imposant,
Plus ce qu'il cache est peu de chose.

BEMBO.

Prévention ! j'en ai déjà imaginé une petite quantité ; dont j'ai fait un recueil. Puisque je vous tiens, avant que la nuit nous sépare, il faut que je vous les montre. Restez-là ; vous me parlerez franchement : mais je crois que vous serez étonné. (*Il sort.*)

SCÈNE XV.

ARIOSTE, seul.

SON recueil ! et Alexandra qui m'attend !....

(N.° 24) AIR : *On ne peut aimer davantage.* (Du Traité nul.)

A la nièce faut-il déplaire ?
Irriter l'oncle à son retour ?
De l'un éveiller la colère ?
Ou de l'autre alarmer l'amour ?
Est-il un destin plus funeste ?
Des deux côtés j'aurai des torts.
Je suis coupable si je sors.....
Je suis coupable si je reste !

(*Pendant ce couplet, Pacchione et sa troupe entrent par la porte du fond et entourent Arioste.*)

C 4

_____

SCÈNE XVI.

ARIOSTE, PACCHIONE, MARETTO,
TROUPE DE CONDOTTIERI, *se rangeant*
sur la gauche.

PACCHIONE.

ARRÊTEZ.

ARIOSTE.

Ciel !

PACCHIONE.

Et taisez-vous.

ARIOSTE.

Qui êtes-vous ?

PACCHIONE.

De très-honnêtes gens.

ARIOSTE, *les regardant.*

En vérité ?

PACCHIONE.

Nous sommes des Condottieri.

ARIOSTE.

Et que prétendez-vous ?

PACHCIONE.

Nous assurer du gouverneur ; rendre à sa personne
les soins qu'elle mérite ; et pour ne plus être en que-
relle, vous emmener avec nous.

ARIOSTE.

M'emmener ! et de quel droit ?

PACCHIONE, *lui présentant un pistolet.*

En connaissez-vous un meilleur !... Allons, suivez-
nous.

ARIOSTE.

Où m'a conduit ma folle ardeur ? Ah ! je le sens
plus que jamais....

> Amour ! amour ! quand tu nous tiens,
> On peut bien dire adieu prudence !

PACCHIONE.

Oh ! voilà de fort jolis vers, et nous les connaissons ;
mais vous ne nous séduirez pas avec cet emprunt-là.

ARIOSTE.

Un emprunt ! je n'en ai jamais fait à personne.

PACCHIONE, *avec ironie.*

Ah ! ils sont de vous, peut-être ? Nous prenez-vous
pour des barbares ? Et qui ne connaît pas les vers du
divin Arioste ?... Allons, allons....

ARIOSTE.

Mais je vous dis....

TOUS.

Marchons, marchons.

SCENE XVII.

LES PRÉCÉDENS, ALEXANDRA,
accourant de l'allée des peupliers,

ALEXANDRA.

QUELS cris!... ô ciel! Arioste!... sauvez Arioste!

PACCHIONE.

Le gouverneur est Arioste!.... lui! ce poëte sublime!

ARIOSTE.

Oui, c'est moi....

ALEXANDRA.

Et vous menaciez sa vie! (*Ici tous les Condottieri se rangent sur la droite.*)

PACCHIONE.

La vie d'Arioste! nous!.... la nôtre est à lui!....
Ah! comment réparer!.... (*à sa troupe.*) A genoux, camarades!

(*Ils tombent tous à genoux.*)

CHŒUR.

(N.º 25.) AIR: *Chantons, chantons,* etc. (De Richard Cœur-de-Lion.)

Honorons,
Respectons,
Respectons ce grand génie!

Que tout cède au seul nom
Du premier des enfans d'Apollon !

PACCHIONE.

Ah ! poëte charmant !
Peintre du sentiment !
Tu fais de l'Italie
La gloire et l'ornement.
Ah ! poëte charmant
Pour nous, pour la patrie,
Puisse-tu vivre autant
Que vivra ton Roland !

CHŒUR.

Honorons,
Respectons,
Respectons ce grand génie !
Que tout cède au seul nom
Du premier des enfans d'Apollon !

SCENE XVIII et dernière.

LES PRÉCÉDENS, BEMBO, JACOBO, accourant.

BEMBO.

MA nièce, ma nièce !.... où est-t-elle donc !....
Mais quel spectacle ! que veut dire ceci ?

PACCHIONE.

Que le génie a plus d'empire que toutes les puissances de la terre. Nous voulions, par la force, nous rendre maîtres du gouverneur, et nous sommes tous aux genoux du poëte.

ALEXANDRA, *tendrement.*

Vous le voyez, mon oncle !

BEMBO.

Quoi ! vous... des Condottieri...

PACCHIONE.

Oui, qu'il compte à jamais sur notre soumission...
Puisqu'Arioste est gouverneur, nous vous répondons
tous de la paix.

TOUS.

Oui, tous.

BEMBO, à *Arioste.*

Rien ne peut donc te résister ?

ARIOSTE.

Que l'ami de qui seul dépend mon bonheur... qui
m'a refusé Alexandra...

BEMBO.

Te refuser ! en suis-je encore le maître ? Ton nom
soumet tout : la paix est ton ouvrage... le mien doit
être ton bonheur. Je te donne Alexandra.

JACOBO.

Ah ! v'là qu'est parler, çà !

ALEXANDRA.

O mon oncle !

ARIOSTE.

O douce récompense de mes travaux !

(N°. 26.) AIR nouveau, de M. Wicht.

PACCHIONE.

Guérir par l'amour des vertus
Les maux qu'a produits l'ignorance;
Dans le fond des cœurs abbattus
Faire descendre l'espérance;
Étouffer de sanglants débats;
Fixer la paix; charmer la vie;
Par la force on n'y parvient pas...
C'est le triomphe du génie.

BEMBO.

Dans tous les tèms, en tout pays,
L'argent fut la loi des plus sages;
L'argent seul donna des amis;
L'argent seul fit les mariages.
Mais dans ce siècle où tout se rend,
(Grâces à la philosophie)
Réussir ainsi sans argent,
C'est le triomphe du génie!

JACOBO.

Vous v'nez d'convertir tour-à-tour
Une belle, un oncle sévère;
C'qu' vous avez fait dans ce séjour,
Que n'pouvez-vous par-tout le faire!
Mais, combien nous vous aimerions,
Si vous pouviez, par vot' magie,
Rendr' honnet's gens tous nos fripons!
Ça s'rait l'triomphe du génie!

ARIOSTE:

Guerriers! toujours quelques regrets
Suivent l'éclat que Mars vous donne.
Si je triomphe, mes succès
N'ont coûté de pleurs à personne.
J'amuse les sages, les fous,
Et jusqu'au sot qui me décrie:
Le ciel fit du bonheur de tous,
La récompense du génie,

ALEXANDRA, *au public.*

Peindre Arioste gouverneur,
Des vers c'est proclamer l'empire :
Aux Muses quand on rend honneur
Tous leurs amis doivent sourire.
Sur l'ouvrage bien ou mal fait,
Si quelque censeur se récrie,
Qu'il pardonne, au moins, un sujet
Où l'on rend hommage au génie!

FIN.

MUSIQUE D'ARIOSTE.

(N°. 9.)   *Air de M. Georges Jadin.*

Amoroso.

Divini-té des malheu-reux, Mystère! que ton

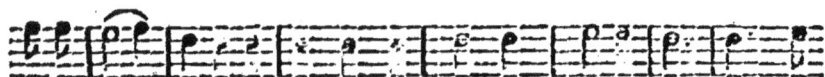

voile som-bre, D'un amour tendre et dangereux, Cache

les se-crets sous son em-bre. Echo! que frappent mes

accens, Pour l'amour seul ah! sois fi-dè-le, Tais-toi pour

les in-différens. Echo! ne parle que pour el-le.

(N°. 16.)   *Air de M. Lélu.*

Andantino.

La sages-se dans tous les tems Repous-sa par un

front sé-vè-re, Pour-quoi la priyer d'ornemens? Pour

nous guider il faut nous plai - - re. L'homme est un en-

fant sans rai - son, Un enfant sans raison. Il faut que la

main d'une mère Couvre de miel la coupe a-mé - re Qui

ren-fer-me sa gué-ri- -son. Qui ren-- fer- -me

sa gué-ri-son.

(N°. 18.)　　　　　*Air de M. Doche.*

Andante.

D'amour je parle le lan-gage, Son premier maître

est la beauté: Je cherche franchise et bon-té; Ce sont les

vertus du jeune â - ge. Malgré mes écarts, d'un goût pur

Je veux to jours suivre les tra-ces; Le go t pour marcher

d'un pas sûr, Doit implo--rer l'appui des gra-ces. Le goût
pour

pour marcher d'un pas sûr, Doit implorer l'appui des

gra – ces.

(N°. 19.)   *Air du même.*

Lent.

Mourant loin de ce que j'a – do-re, J'ai dit : amour

mon're la moi. L'amour m'exauce ; je te voi, Je suis

plus malheureux encore. Je suis plus malheureux encore.

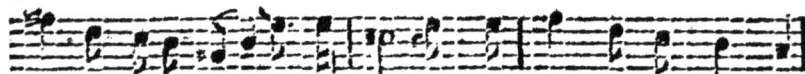

Ah ! s'il me faut ain-si souffrir du bonheur Qui fit mon en-

vi-e, A –mour cache moi mon a – mi –e ; Sa pré – sen-ce

me fait mourir. Amour cache moi mon a – mi –e, Sa

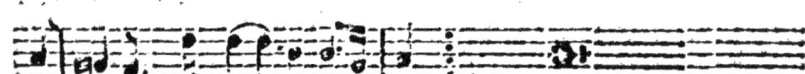

pré-sence me fait mou-rir.

D

Air du même.

Allegretto.

N'enchaînez pas l'heureux dé-li re De cet esprit

ingénieux, De cette ame qui dans vos yeux, dans tous vos

traits brille et res-pi-re. La beauté crée en un moment ce

qu'à chercher l'art s'étu - die : Pour deviner le sentiment,

Le cœur vaut mieux que le gé - - ni - e Pour de-vi-ner

le sen-timent, Le cœur vaut mieux que le gé - ni - e,

(N°. 23.) *Air de Wicht.*

Allegro.

Par-tout on donne avec excès Au manœuvre

le nom d'ar - tis-te, D'homme de lettres au copiste ;

D'homme d'Etat à des valets. D'homme d'Etat à des

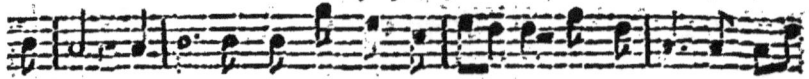

ya-lets. Enfin, si fort on en im-po-se Que chacun conclut

à présent ; Que plus un titre est imposant, Plus ce qu'il

cache est peu de cho-se.   Plus ce qu'il cache est peu de

chos - e.

(N°. 26.)   *Air de Wicht.*

Allegretto.

Guerir par l'amour des vertus Les maux qu'à produits

l'igno - ran-ce : Dans le fond des cœurs a-bat-tus Faire

des - cen-dre l'espé-ran-ce, Faire descendre l'espé-ran-

ce, Etouffer de sanglans dé-bats, Fixer la paix, charmer

la vi - e, Par la force on n'y parvient pas ; C'est   le

tri-omphe du gé-ni - e.   C'est le tri-omphe du gé-

ni - - e. C'est le triomphe du gé - ni - - e.

FIN.

S'adresser pour la partition au Cit. Wicht, Directeur de l'orchestre du Vaudeville.

À PARIS de l'Imprimerie rue des Droits-de-l'Homme, N°. 44.

106

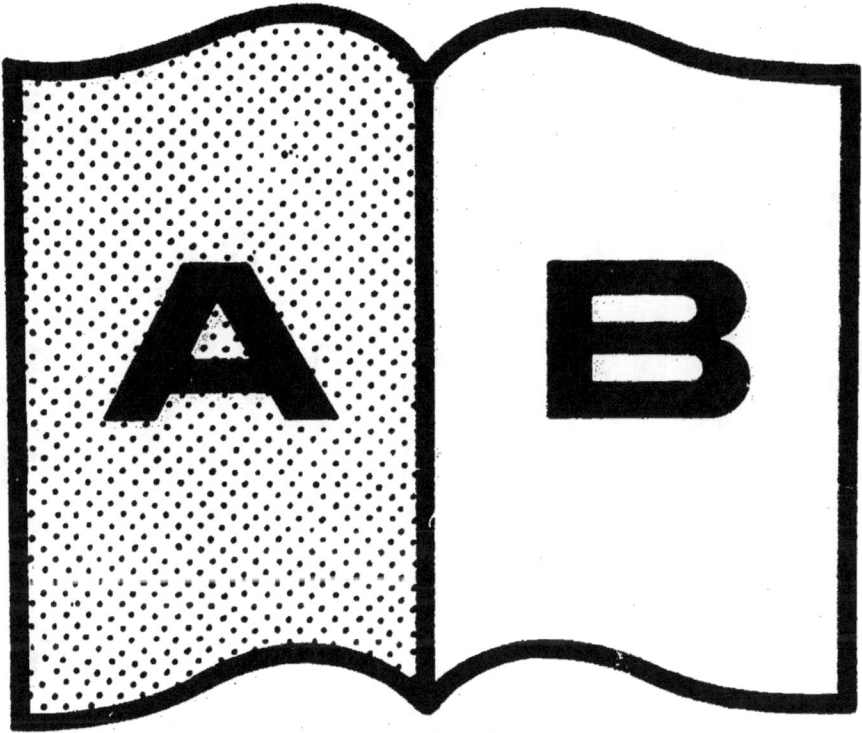

Contraste insuffisant

NF Z 43-120-14